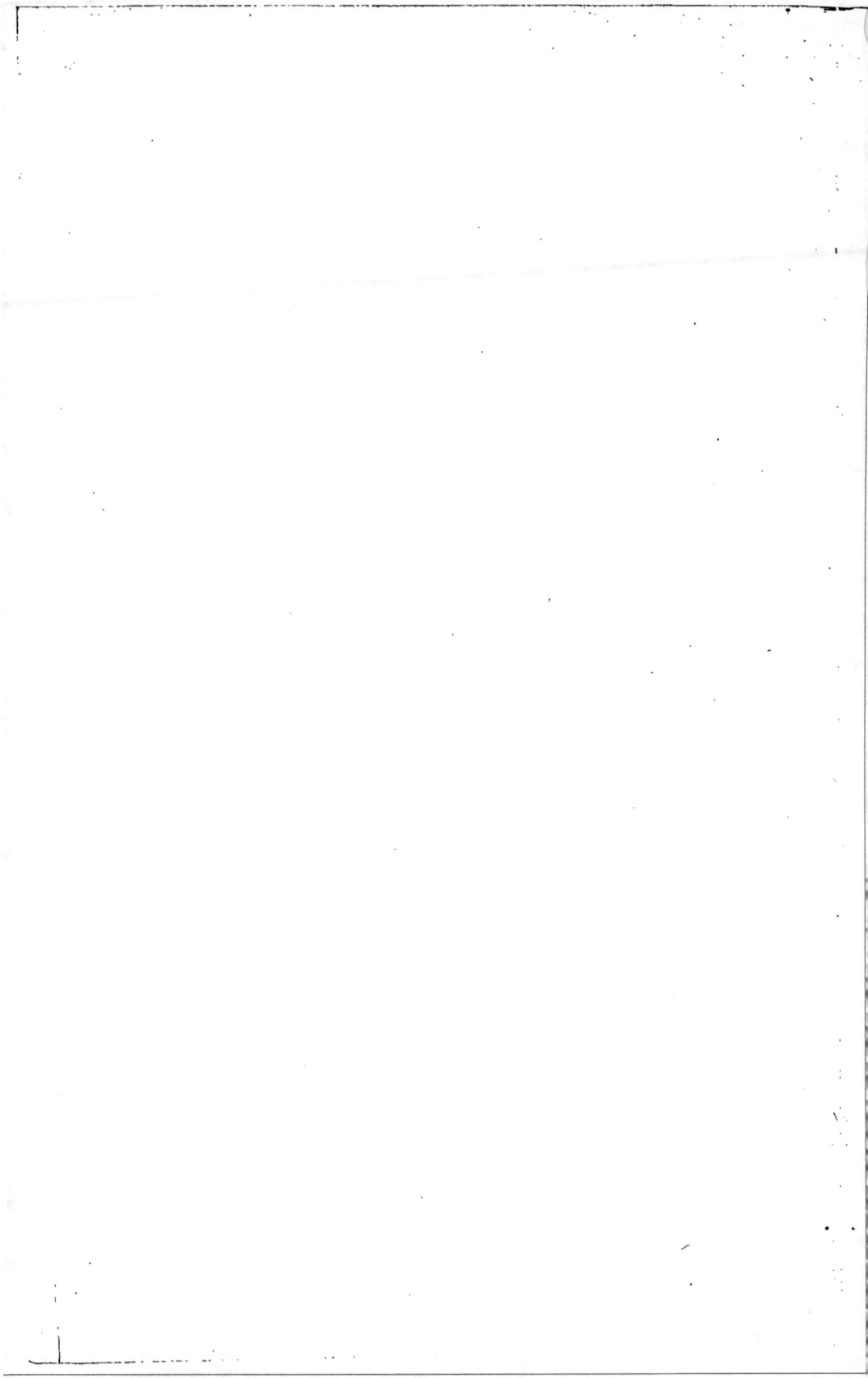

ÉLOGE HISTORIQUE

DU

COMTE EDMOND DE PONTEVÈS

GÉNÉRAL DE BRIGADE

BLESSÉ A MORT A L'ASSAUT DE SÉBASTOPOL,

LE 8 SEPTEMBRE 1855

PAR

M. AMÉDÉE AUTRAN

ANCIEN PRÉSIDENT DU TRIBUNAL DE PREMIÈRE INSTANCE DE MARSEILLE
MEMBRE DE L'ACADÉMIE DE LA MÊME VILLE. — CHEVALIER DE LA LÉGION D'HONNEUR.

MARSEILLE.
TYP. ET LITH. BARLATIER-FEISSAT PÈRE ET FILS
RUE VENTURE, 19

1881

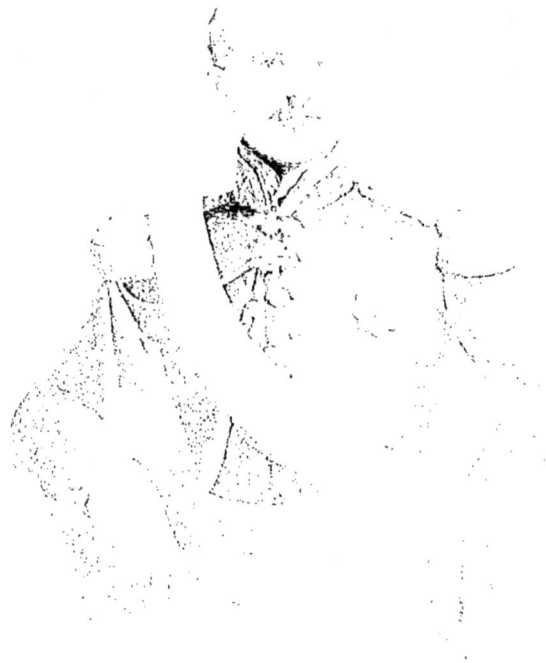

ÉLOGE HISTORIQUE

DU

COMTE EDMOND DE PONTEVÈS

GÉNÉRAL DE BRIGADE

BLESSÉ A MORT A L'ASSAUT DE SÉBASTOPOL

LE 8 SEPTEMBRE 1855

PAR

M. AMÉDÉE AUTRAN

ANCIEN PRÉSIDENT DU TRIBUNAL DE PREMIÈRE INSTANCE DE MARSEILLE
MEMBRE DE L'ACADÉMIE DE LA MÊME VILLE — CHEVALIER DE LA LÉGION D'HONNEUR.

MARSEILLE.

TYP. ET LITH. BARLATIER-FEISSAT PÈRE ET FILS.

RUE VENTURE, 19

—

1884

ÉLOGE HISTORIQUE

DU

COMTE EDMOND DE PONTEVÈS

GÉNÉRAL DE BRIGADE

BLESSÉ A MORT A L'ASSAUT DE SÉBASTOPOL

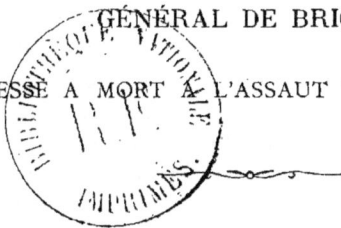

Prudence de Pontevès.
Honneur et Patrie.

Les cités s'illustrent par la gloire des personnages qu'elles ont produits. Il importe donc de recueillir les actions de ceux qui ont fait l'honneur de leur pays par l'élévation du sentiment, par la grandeur du génie, et surtout par un généreux dévouement.

Dans l'antiquité, Plutarque réalisa cette pensée. Il choisit dans les annales générales les hommes célèbres. Il fit leurs portraits, les rapprocha et les exposa sous le même rayon de lumière, pour qu'en les contemplant de plus près, la postérité pût mieux distinguer leurs traits et s'instruire à leurs exemples

L'ère chrétienne a aussi sa moisson de grands hommes. Ils peuvent sans faiblir soutenir le parallèle avec les anciens. Ils ont même quelque chose de plus attrayant, de plus doux, de plus humain, produit de cette lumière diffuse que le feu de la charité chrétienne a répandu sur la terre.

Je voudrais ici faire ressortir une de ces nobles figu-
res, celle du général Edmond de Pontevès. Nous
l'avons connu, nous l'avons aimé ; il est digne de notre
admiration. Puissent dans ce simple récit se reproduire
quelques reflets de cette physionomie attachante, de
ce délicieux abandon, véritable type de son caractère !

Une remarque tout d'abord me semble à propos :
les temps où nous vivons la rendent même indispen-
sable. Tant de divisions ont troublé notre patrie ; tant
de régimes s'y sont coup sur coup succédé, que mille
susceptibilités sont toujours en éveil. Le général de
Pontevès n'a jamais cherché que la gloire de la France
dans l'accomplissement de son devoir. Comme lui, je
n'aspire ici qu'à l'honneur de notre pays et à la gloire
de la religion, base de tous les devoirs, source de tous
les sentiments élevés. Si l'on persistait néanmoins à
m'attribuer des pensées qui me sont complètement
étrangères, je me retrancherais dans la sincérité de
mes intentions : *honni soit, après tout, qui mal y
pense.*

Bien des fois dans le cours de cette même histoire,
j'emprunterai les paroles des narrateurs eux-mêmes,
car je tiens, dans les récits des faits qu'ils nous ont
appris, à leur conserver leur propre saveur.

Louis - Jean - Baptiste - Edmond, comte de Pontevès
Bargême, général de brigade dans la garde impériale,
commandeur de l'ordre de la Légion d'honneur, grand
croix de l'ordre de Saint-Grégoire le Grand, dont je me
propose d'écrire la vie, appartenait à la noble famille
de Pontevès.

Elle tire son nom et ses armes du village de Pontevès en Provence, remarquable par son pont antique, à
deux arches, pittoresquement assis sur un cours d'eau,
qui, courant vers Barjols, en y arrivant à peu de distance, s'épanche en une belle cascade et donne le mou-
vement à diverses usines.

Cette famille est incontestablement une des plus anciennes de Provence (1). En l'an 993, Humbert de Pontevès est cité comme seigneur d'Apt de Caseneuve et autres lieux. Foulque de Pontevès prit part en 1249 à la prise de Damiette par Saint Louis. Isnard de Pontevès fut l'un des cinquante personnages provençaux que Charles II d'Anjou, comte de Provence et roi de Naples, donna à Alphonse, roi d'Aragon, comme otages pour l'exécution du traité du 1er mai 1287, qui mettait fin à sa captivité.

L'auteur de la branche de Pontevès-Bargême, Foulque de Pontevès, dit le Grand, possédait en 1334, les seigneuries de Bargême, de Carcès, de Calas, de Cotignac, d'Artignosc ; il était conseiller et chambellan de Robert d'Anjou, comte de Provence et roi de Naples. Il avait épousé Tiberge d'Agoult. A raison de cette alliance et d'après une clause du testament de son fils du 10 octobre 1490, les armes des Pontevès demeurèrent écartelées de celle de la maison d'Agoult.

C'est dans cette branche que naquit en 1512 Jean de Pontevès Bargême, comte de Carcès, personnage le plus illustre sans contredit de cette famille. Lors de l'invasion de Charles Quint en Provence, dans l'année 1536, il donna l'exemple, avec les seigneurs de Calas et de Mas, de détruire ses moulins, ses fours, ses récoltes. Tout le pays se dévouant de même, la dévastation fut complète, ce qui força l'ennemi à s'enfuir devant la famine et l'épidémie. François Ier plaça le comte de Carcès à la tête d'une des légions qu'il venait de créer. Le comte suivit ce prince en Italie et il lui rendit de grands services en donnant des preuves d'une haute valeur. Il prit Le Queiras par escalade, après un siège de deux heures. Il figura aussi vaillamment à la bataille de Cérisoles en 1544. Nommé commandant des Galères, il combattit par deux fois, sur

(1) Artefeuil, t. II, p. 222.

ses vaisseaux, André Doria, le plus célèbre marin du seizième siècle et il sortit vainqueur de ces rencontres.

Devenu lieutenant du roi en Provence, il écarta de cette province les scènes sinistres de la Saint-Barthélemy. Aux ordres pressants qui lui furent apportés, il répondit : « J'ai toujours servi le roi en qualité de « soldat et je serais bien fâché de faire en cette ren- « contre l'office de bourreau. Ses sujets, du reste, « pourraient bien lui être un jour nécessaires. » Il ne craignit donc pas de braver les dangers d'une désobéissance, mais sur ses représentations, un contre ordre ne tarda pas de lui arriver, et il ne lui resta que l'honneur d'une bonne action, car nous devons le dire bien haut, l'Église Catholique n'a jamais approuvé la Saint-Barthélemy, quoiqu'on ne se soit pas fait faute d'accusations à ce sujet.

La foi catholique du comte de Carcès n'a, du reste, jamais été indécise ; elle était éclairée, complète et inébranlable. Il la soutint vaillamment au milieu des divisions qui bouleversèrent la Provence. Il mourut de la peste dans son château de Carcès le 20 août 1583. « Le seigneur de Carcès, dit Brantôme, était très sage, « brave, vaillant, riche et magnifique seigneur, et beau « joueur, et qui avait fait belle preuve de sa valeur en « Piémont. il était grand seigneur de moyen et de « dépense » (1).

L'historien de la Provence, Bouche nous dit à son tour, du comte de Carcès : « c'était l'un des plus illustres personnages de son siècle... homme de cœur, « de jugement, d'esprit et de modération, grandement « *prudent*, discret et sage à bien conseiller, hardi à « exécuter, patient à attendre les occasions pour agir « à propos, égal et constant en prospérité aussi bien « qu'en adversité ; magnifique, *libéral* ; grand joueur,

(1) Brantôme. *Grands capitaines françois ; dans la vie de M. le grand prieur de France*, tome IV, p. 157 ; édit. Ludovic Lalanne 1868.

« grand fauconnier ; bref assorti, outre la bonne mine
« et la riche taille de son corps, de toutes les plus
« belles qualités qu'on pourrait souhaiter pour com-
« poser un grand homme, qualités qui le faisaient
« honorer et respecter des grands aussi bien que des
« petits » (1).

Nous ne saurions nous priver non plus du plaisir de
citer quelques phrases du *Dictionnaire des hommes
illustres de Provence*, à la louange du comte de Carcès :
« Ce fut, y est-il dit, un personnage d'une valeur
« héroïque, d'une grande sagesse et d'une modération
« admirable. On ne le vit jamais se donner des louan-
« ges, ni mépriser les autres.... Il était sage dans le
« conseil, *hardi dans l'exécution*, et d'*un grand sang
« froid* dans l'action. Sa modération lui fit constam-
« ment refuser qu'on tirât son portrait. Il était aimé et
« estimé de tout le monde, même de ses ennemis. *Il
« parlait peu*, ce qui lui avait fait donner le sobriquet
« de *muet.* » (2).

C'est donc bien justement qu'on a placé sur la façade
de la Préfecture des Bouches-du-Rhône (angle Nord-
Est), la statue de ce grand homme. Il est là fièrement
campé, sa main gauche reposant sur le pommeau de
son épée (3).

---

(1) Bouche. *Histoire de Provence*. Liv. X. t II, p. 679.

(2) *Dictionnaire de la Provence* par une Société de gens de
lettres. (Achard), Mossy 1787. t. IV, p. 102, dans la partie des
Hommes illustres. Cet article parait être de l'abbé de Capris
de Beauveser.

(3) Cette statue est l'œuvre de *Lequesne*, Eugène Louis, l'un
des élèves les plus distingués de *Pradier*. Il s'était d'abord destiné
au Palais, et il s'était même fait inscrire au Barreau de Paris, mais
il fut entraîné par son goût artistique. Il remporta en 1844, le
Grand Prix de Sculpture qui lui donna accès à l'École de Rome.

Le *Faune dansant*, statue dont le succès est resté populaire, et
qui est l'un des ornements du Jardin de Luxembourg, est consi-
déré comme son chef-d'œuvre, Les deux *Souffleurs de conques
marines* placés en avant du groupe de la Durance au Palais
de Longchamp, sont aussi de lui.

Dans ses nobles qualités relevées par l'histoire on a sans doute remarqué que la prudence figure au premier rang : non cette prudence qui n'est que la ruse mise au service de la cupidité, mais celle qui est le fruit de la sagesse, qui, se proposant un but louable, y tend sans précipitation, par les moyens les plus convenables et les mieux choisis.

Cette prudence est le type distinctif de cette noble famille. Au nombre des devises qu'on attribue au roi René et qui caractérisent les anciennes maisons Provençales, on lit dans les premiers rangs celle-ci : *prudence de Pontevès*. Ainsi la ressemblance des traits de l'âme semble se transmettre dans les familles comme celle des traits du corps, et nous verrons tantôt chez Edmond de Pontevès, comme chez son père, plusieurs des qualités qui ont motivé les louanges décernées à l'un de leurs ancêtres, le comte de Carcès (1).

C'est dans cette haute lignée que reçut le jour à Marseille, le 24 juin 1805, Louis-Jean-Baptiste Edmond de Pontevès Bargême.

Son père Louis-Balthasar-Alexandre comte de Pontevès Bargême, était né à Grasse en 1781 (le 9 octobre) ; ses premières années s'étaient écoulées dans les agitations de cette époque. Il se destinait à la marine militaire et il y avait été peut-être attiré par le rang élevé auquel était parvenu un de ses parents, Honoré-Jean-Baptiste de Pontevès-Giens, qui, s'étant distingué en plusieurs rencontres dans la guerre avec

---

(1). La descendance directe de cet illustre personnage s'était arrêtée à son petit fils, Jean de Pontevès, mort en 1656, mais le rameau le plus rapproché avait occupé sa place.

« *Uno avulso non deficit alter.* »

On remarque même qu'un effet ordinaire de l'atavisme est d'accentuer les caractères de la race. Ainsi voit-on un tronc puissant qui a traversé les siècles, sentir sa sève s'arrêter dans un de ses bras, mais elle suit son cours dans le rameau le plus proche, la cime continue à s'élever, et le feuillage et les fruits attestent que l'arbre est bien le même (*Voir a l'addition. note A*).

les Anglais, était en 1779 devenu chef d'escadre. Le comte de Pontevès Bargême était aspirant de marine lorsque en mai 1804, à Marseille, il épousa Mlle Marie-Antoinette de Paul, et il renonça à la carrière militaire.

Ceux qui ont connu pendant une grande portion de ce siècle M. et Mme de Pontevès n'oublieront jamais ces excellents époux justement placés par la considération générale aux premiers rangs de la cité, et non moins aimés qu'estimés de tous. Le comte de Pontevès était d'une loyauté parfaite, d'un sens droit et judicieux, d'une intelligence pénétrante. Son urbanité, sa modération, la sobriété de ses paroles, et le peu de place qu'il s'attribuait dans un salon, auraient suffi pour dénoter en lui l'élévation de son origine. Mme de Pontevès était en tout digne de lui. Elle était sans prétention, tout entière aux soins de sa maison, faisant consister son mérite et son honneur dans l'éducation de ses enfants, en laquelle elle réussit pleinement. Ce qui nous révèle avec certitude la bonté de cœur de ces respectables époux, c'est l'attachement de leurs domestiques. Nous avons vu presque tous ceux qui étaient auprès d'eux, les soigner jusqu'à la fin de leur vie, et quant aux plus anciens, c'est chez eux qu'ils sont morts. Je me rappelle avec un plaisir particulier leur vieille domestique chargée d'accompagner au collége deux de leurs fils. Elle disait qu'elle ne demandait au ciel d'autre faveur ici-bas que de mourir chez ses maîtres. Dieu a exaucé ses vœux si modestes : j'ai vu M. le comte de Pontevès et ses fils suivre le cercueil de leur chère servante. En ce temps là on n'envoyait pas ses domestiques malades mourir à l'hôpital *(Voir à l'addition, note B.).*

Les époux de Pontevès eurent cinq enfants : Edmond était l'aîné ; Guillaume-Eugène, le cadet ; puis deux jumeaux Édouard et Léonide ; la plus jeune était mademoiselle Mathilde.

Mme de Pontevès ne voulut jamais se séparer de sa fille. Des maîtres particuliers venaient chez elle lui donner des leçons. Ce n'était pas alors la mode des brevets et je doute que Mme de Pontevès y eût jamais astreint sa fille, car elle estimait la modestie dans la simplicité comme la première des grâces. Quand approcha l'époque de la première communion, Mademoiselle de Pontevès suivit les instructions d'un prêtre vénérable, M. l'abbé Auberty. C'était un ancien vicaire de M. Olive, curé de Saint-Ferréol, l'une des premières victimes de la révolution. M. Auberty réunissait chaque année une douzaine environ de jeunes personnes qu'il formait à la vie chrétienne. Il les dirigeait ainsi dans les voies d'une piété sage, éclairée, éloignée de toute ostentation. Ces demoiselles trouvaient un tel charme dans les paternelles leçons de ce saint vieillard ; elles éprouvaient tant d'agrément à se trouver réunies que plusieurs continuaient à venir assister à ces entretiens après leur première communion ; c'était ainsi un exercice prolongé de persévérance. Il est à remarquer que parmi tant de jeunes personnes instruites à cette école, qui ont occupé dans le monde les positions les plus variées, il n'en est pas une seule qui ait jamais donné lieu à l'ombre de la plus légère critique.

Mlle Mathilde de Pontevès devint l'épouse de M. le baron Charles de Chartrouse ; elle mourut en donnant le jour à Mlle Marie de Chartrouse, aujourd'hui mariée à M. Emmanuel de Sabran-Pontevès son cousin.

Les jumeaux Édouard et Léonide de Pontevès furent adoptés par M. le duc de Sabran, ancien pair de France. Décédés l'un et l'autre, ils ont laissé les souvenirs des qualités les plus aimables et de précieuses vertus : la piété, la générosité, la modestie, l'affabilité. C'étaient de ces hommes devant lesquels, malgré l'acrimonie des partis, la critique est muette.

Le cadet de cette famille, Eugène de Pontevès, avait comme son aîné entrepris la carrière militaire. Comme lui il est mort victime de sa bravoure. C'était une nature ouverte, franche et énergique. A vingt-trois ans, en 1830, sous-lieutenant au 3e régiment de ligne, il fit la campagne d'Afrique et fut au nombre des premiers qui posèrent leurs pieds sur cette terre désormais française. Il combattit à Staoüeli ; puis le 23 juin, sous les murs, à la prise d'Alger, il fut grièvement blessé. Il mourut des suites de ces blessures à Alger, dans l'hôpital militaire de Castracine, le 27 juillet suivant.

Ainsi M. de Pontevès, avant de descendre lui-même dans la tombe, a vu deux de ses fils mourir au champ d'honneur. Il me semble que c'est racheter noblement la dette de son illustration que de la payer du sang de ses deux fils.

Il est temps que nous en venions à Edmond de Pontevès. Je ne crois pourtant pas m'être éloigné de mon sujet, car raconter ce qu'ont été les auteurs et les parents d'une personne, c'est la faire connaître plus complètement dans les éléments qui ont concouru à former sa personnalité.

Edmond de Pontevès était de taille moyenne et bien prise. Ses traits étaient éguliers, mâles, énergiques ; sa physionomie intelligente ; son regard semblait légèrement voilé de quelque tristesse, produit d'un caractère habituellement méditatif ; mais il était empreint d'une incontestable bonté. Une rare distinction enveloppait sa démarche, son attitude et toute sa personne.

La modestie était la qualité dominante de son âme : elle était sincère, sans affectation. Il semblait s'oublier lui-même. Jamais on ne l'entendit tirer vanité de sa naissance, ni des faits d'armes les plus louables, ni même de ses actions les plus héroïques. Il était aussi soigneux de cacher ce qui pouvait lui faire honneur que d'autres auraient été empressés de s'en prévaloir. Il parlait peu, mais sa parole affectueuse et simple lui gagnait les cœurs parce qu'elle avait pour source la bonté. Ses compagnons d'armes estimaient sa capacité et ses connaissances, ils chérissaient en lui un ami courtois, affable et sans prétention. Ses soldats l'adoraient parce qu'ils le voyaient uniquement occupé de leur bien-être.

Il était d'une valeur intrépide, calme, inébranlable, fondée sur l'esprit du devoir.

L'histoire l'a proclamé *vaillant entre les plus vaillants* (1). Ces héroïques sentiments la religion les a encore relevés.

Entre ce caractère et celui de son illustre aïeul, le comte de Carcès, la ressemblance est singulière et saisissante ; le rapprochement s'en fait de lui-même, sans qu'on y mette la main.

Telles sont les qualités qui ont présidé à tout le cours de cette belle vie.

Destiné à la carrière des armes, Edmond de Pontevès fit ses premières études dans l'établissement de La Flèche, qui était alors une sorte de Prytanée militaire. Il fut admis à l'école Saint-Cyr, à dix-sept ans, le 1er novembre 1822. Il en sortit deux ans après et il fut nommé le 1er octobre 1824 sous-lieutenant au 20e régiment d'infanterie de ligne. Il resta dans ce corps de 1824 à 1828, en Espagne, et il passa avec son grade au 1er régiment de la garde le 28 octobre 1828.

Il venait de recevoir le brevet de lieutenant le 11 août 1830, quand il fut licencié le 22 du même mois.

Bientôt après cependant il fut, dès le 16 décembre suivant, rappelé au service avec le grade de lieutenant au 4e régiment d'infanterie de ligne.

Il ne tarda pas de passer en cette qualité sur cette terre d'Algérie où son frère Eugène avait naguère donné sa vie, victime des premiers combats qui en assurèrent la conquête.

« Vers cette époque, en 1832, nous dit M. Paris de « Bollardieu, intendant militaire, je connus Edmond « de Pontevès, et le connaître c'était l'aimer. Il était « jeune, ardent, chevaleresque. Il entrait dans la vie « militaire avec deux qualités qui sont le garant du

(1) Bazancourt, *L'Expédition de Crimée*, ch. VIII. t. 4, p. 258.

« succès dans notre carrière : *le culte de l'honneur, le*
« *culte du dévouement.* Telle fut sa devise en Espagne,
« en Afrique, à Rome. Cette devise fut la sienne par-
« tout et jusqu'à son dernier jour. »

De 1830 à 1836, il prit part à cette série de combats
qui devaient avoir pour prix la possession de cette *nouvelle France.*

Il se distingua tout particulièrement dans l'affaire du
11 octobre 1833, livrée contre les Arabes devant
Bougie et fut cité à l'ordre du jour de l'armée ; trois
mois après, il recevait, le 5 janvier 1834, la croix de la
Légion d'honneur.

Revenu en France, il fut nommé capitaine le
23 avril 1837.

C'est alors qu'il put passer quelques mois auprès de
ses parents.

Une ancienne amie de sa famille qui lui portait un
vif intérêt, conçut à cette époque le projet de le marier.
Elle porta ses vues sur une famille de bonne bour-
geoisie. La jeune personne dont il s'agissait était sous
tous les points de vue, excepté peut-être sous celui de la
fortune, assurément inférieure à Edmond de Pontevès.
Le croirait-on ? il ne fut pas agréé : on lui préféra le fils
d'un entrepreneur.

Tous les personnages de cettte scène ont depuis
longtemps disparu de ce monde. Je n'en ai pas moins
hésité à mentionner ce fait dont je suis sûr. Mais il m'a
semblé que cet énoncé avait son utilité, car un trait
pareil suffit pour caractériser une époque. C'est aussi
une occasion où se montre en signes bien manifestes
l'action de la Providence qui, au milieu du jeu des
volontés humaines, sait atteindre sa fin avec autant de
puissance que de douceur. Si cette négociation avait
réussi, Edmond de Pontevès serait très probablement
rentré dans la vie civile : sans doute il aurait toujours
été un homme distingué, un excellent père de famille,
mais il serait resté dans l'ornière vulgaire ; Dieu
l'appelait à de bien autres grandeurs.

Nous avons vu jusqu'ici Edmond de Pontevès s'élever lentement, de grade en grade par ses services,
sans l'ombre d'une faveur que ses rares qualités
auraient pourtant bien justifiée ; devenu capitaine, il
marcha moins rapidement encore. Les ans s'écoulè-
rent sans que la porte s'ouvrit pour arriver à un degré
supérieur. Déjà il allait compter dans ce grade une
septième année, lorsqu'arriva à la tête de la division
militaire à Marseille, le général Tiburce Sébastiani,
frère du maréchal. Sous des apparences d'insouciance,
cet officier supérieur savait étudier et juger les hommes. Il s'étonna, il s'indigna de voir un militaire de
cette valeur, par l'effet de sa modestie, retenu si longtemps à piétiner sur place. Il prit sa cause en mains.
Dès ce moment, la longue épreuve imposée à la patience
d'Edmond de Pontevès trouva son terme et il entra en
pleine marche dans la voie de ses grandes destinées.

Le 14 avril 1844, il fut nommé chef de bataillon au
25ᵐᵉ léger et quatre jours après, passant au 13ᵐᵉ léger,
il retourna à l'armée d'Afrique. La fatigue des camps,
les rudes travaux semblaient les éléments naturels
de son activité. Le poste de Thiaret lui fut confié et
il en garda le commandement pendant trois années,
jusqu'en 1847. Son honorable caractère, la connaissance de l'arabe et de la langue espagnole le rendirent
précieux dans ces importantes fonctions. Un officier
de son corps, M. le capitaine Poly Marchetti, plus
tard commandant de place à Narbonne, va nous donner son portrait à cette époque de sa vie. « Sa modes-
« tie, dit-il, était si grande que c'est presque par sur-
« prise ou par hasard que j'ai pu apprécier son
« inépuisable charité, sa paternelle sollicitude pour
« les soldats. Ainsi à Thiaret, où j'ai eu l'honneur de
« me trouver sous ses ordres directs pendant qu'il
« commandait le cercle, c'était par le plus mauvais
« temps que, bravant la pluie ou la neige, il allait
« inspecter les tentes de ses soldats. Sur mon obser-
« vation, il me répondait que c'était alors seulement

« qu'on pouvait s'assurer de leur santé. Là encore, à
« Thiaret, il lui avait été donné pour logement un
« assez bon bâtiment, le seul qui se trouvât dans la
« place. Il l'abandonna aux malades comme offrant
« un meilleur abri que l'hôpital ; et lui ne se réserva
« que la seule chambre primitivement affectée à son
« ordonnance. Le dimanche ne pouvait être sanctifié
« par aucun exercice religieux, vu l'absence de prêtre
« et d'église. Mais le commandant de Pontevès exi-
« geait néanmoins la stricte observation du repos, ce
« qui ne se faisait dans aucun établissement militaire
« d'Afrique. »

Les qualités qu'il déploya dans l'exercice de ces
fonctions délicates, lui méritèrent, le 26 avril 1846, la
croix d'officier de la Légion d'honneur.

Au bout de dix-huit mois, il était promu, le 22 septembre 1847, au grade de lieutenant-colonel, et placé
en cette qualité dans le même régiment d'infanterie
légère. Il fut à la tête du dépôt envoyé en garnison à
Saint-Étienne ; comment il s'y montra, le même officier va nous le raconter : « J'ai encore pu l'apprécier,
« nous dit-il, à Saint-Étienne, lorsque lieutenant-colo-
« nel du 13ᵐᵉ léger, il commanda le dépôt où j'étais
« adjudant-major. Les jeunes enfants de troupe fai-
« saient l'objet de son attention particulière ; lui-
« même se consacrait à leur éducation morale et à
« leur instruction. Après dîner il allait s'enfermer
« dans leur chambre de caserne, et passait la soirée à
« leur enseigner le catéchisme, le dessin et l'arithmé-
« tique. Mais ce que j'ai le plus admiré dans ce glo-
« rieux officier, c'est la modération avec laquelle il
« savait allier l'exacte observation pour lui-même des
« devoirs religieux, avec une indulgence parfaite pour
« ce que j'appellerai le respect humain ou l'erreur de
« la vie militaire. Toutefois il savait nous y amener
« par une douce persuasion, et je me souviens qu'à
« cette époque je lui ai dû plusieurs fois le bonheur
« d'entrer dans une église et de m'y recueillir dans
« les mystères de notre foi. »

A ce moment de sa vie, et généralement depuis son commandement à Thiaret, Edmond de Pontevès sembla avoir reçu dans ses sentiments religieux plus d'épanouissement. Imbu dès l'enfance des principes les plus solides, il se montra toujours hautement chrétien, mais depuis cette époque signalée, il parut animé d'une piété qui le rendait de plus en plus aimable. Dieu, qui ne laisse pas dans l'oubli même un verre d'eau donné en son nom, voulut sans doute le récompenser de cette abnégation absolue, de ce touchant dévouement qu'il mit en œuvre pour ses soldats, et qui avait pour racine le sentiment chrétien. Cette piété fut une première couronne que le ciel plaça sur sa tête.

En 1849, il fut appelé à l'armée d'Italie, sous les ordres du maréchal Oudinot.

Sur cette terre romaine, où ses neveux devaient plus tard se montrer dignes aussi de leurs ancêtres, il se distingua encore par les qualités militaires et par sa capacité. On lui confia des soins administratifs, qui exigeaient autant de pénétration que d'expérience.

On ne tarda pas cette fois de reconnaître ses services, car le 26 juillet de la même année, il fut nommé colonel du 75me de ligne et peu de temps après, il rentra en France.

A la tête de son régiment, il tint d'abord garnison à Bordeaux, et il y fut, comme il l'a mérité partout, aimé autant qu'estimé. Il passa ensuite à Angoulême. Il y séjourna plus longtemps et l'on peut dire qu'il y gagna vraiment tous les cœurs. Quel témoin pourrions-nous offrir comparable à celui que nous avons eu le bonheur de rencontrer, puisque c'est l'évêque d'Angoulême lui-même, Monseigneur Antoine-Charles Cousseau ? Écoutons le vénérable prélat : nulle parole ne saurait présenter autant de charme (1).

---

(1) *Oraison funèbre du général comte de Pontevès*, par Monseigneur Ant.-Ch. Cousseau, évêque d'Angoulême, 1855, Paris, J. Lecoffre, libraire.

« Il est sans doute dans la hiérarchie militaire, dit
« l'évêque d'Angoulême, des grades plus élevés que
« celui de colonel, mais je n'en connais point d'un
« caractère plus touchant et plus propre à mettre en
« relief les qualités du cœur. — Le général com-
« mande à de grandes masses qui s'unissent ou se
« séparent selon les temps et les besoins de la guerre :
« il les fait mouvoir sans connaître les individus qui les
« composent. Mais le régiment où les hommes vivent
« ensemble d'une vie commune, c'est proprement la
« famille militaire et le père de cette famille, c'est le
« colonel. Jamais peut être ce caractère de paternité
« ne s'est montré sous un aspect plus touchant que
« dans le colonel de Pontevès. — Ami de ses officiers,
« qu'il savait diriger et honorer tout à la fois, condui-
« sant les soldats avec une autorité douce et ferme, il
« leur imprimait le respect et l'amour de la disci-
« pline par ses exemples et par la crainte qu'on avait
« de lui déplaire. Mais où le cœur du père paraissait
« tout entier, c'est dans les tendres soins dont il entou-
« rait les jeunes enfants, la plupart orphelins, qui
« sous le nom d'enfants de troupe, faisaient partie de
« son régiment. Quelle sollicitude de tous les jours et
« de tous les instants pour ces jeunes âmes ? Je n'hési-
« terai pas à la proposer pour modèle à tous les pères
« de famille. Non content de les avoir confiés à la
« garde d'un sous-officier choisi entre les plus instruits,
« les plus sages et les plus pieux, sous la haute sur-
« veillance du major du régiment, il se faisait rendre
« compte à lui-même, tous les jours, absent comme
« présent, par une note détaillée, de la conduite, du
« travail et du progrès de chacun de ses enfants. Sou-
« vent il lui est arrivé de quitter un cercle brillant pour
« aller à la caserne recueillir ces notes et faire avec eux,
« en famille, la prière du soir..... Approchaient-ils de
« l'âge où ils pouvaient être admis aux divins sacre-
« ments, le colonel redoublait de vigilance sur eux,
« afin que la première communion, que la confirma-

« tion missent dans leur âme une empreinte de vie
« chrétienne qu'aucune tentation, aucune épreuve de
« la vie militaire ne fût jamais capable d'effacer. —
« Quel tendre intérêt ne leur témoignait-il pas dans
« les maladies ! Les soins tout maternels des bonnes
« sœurs de l'hôpital ne suffisaient pas à son cœur de
« père. Il voulait y ajouter encore de lui-même quel-
« ques douceurs qu'il aimait à leur porter de ses
« mains. — Un de ces pauvres enfants, orphelin, fils
« d'un officier qu'il avait connu, avait encore un titre
« plus sacré à sa tendresse ; il était son filleul. Durant
« toute sa maladie, le bon colonel ne voulût pas être
« un seul jour sans l'aller visiter, s'asseyant auprès
« de son lit, y passant des heures entières, à le conso-
« ler dans ses souffrances, à l'encourager, puis enfin
« à le préparer à la mort. Pendant tout ce temps, ses
« amis furent frappés et touchés de l'air de tristesse
« emprei.t sur son visage. Mais quel ne fut pas leur
« attendrissement, lorsqu'ils le virent quelques jours
« après, lui, le colonel du régiment, le comte de Ponte-
« vès, suivre à pied, pendant son long trajet, l'humble
« convoi du pauvre enfant jusqu'à sa dernière
« demeure ! »

Je ferai encore un ou deux emprunts à Mgr d'Angoulême : Je ne saurais m'inquiéter du nombre et de
l'étendue de ces citations. Je me félicite, au contraire,
de ces heureuses rencontres, car il est peu de vies
qui puissent présenter des témoins d'une valeur si
élevée : un évêque, des officiers ses amis intimes ; ils
sont à la fois placés pour bien voir, aptes à bien juger,
habiles à saisir le trait et les couleurs : on voit ainsi
Edmond de Pontevès jusqu'au fond de son cœur et c'est
une âme d'élite, délicieuse, vraiment à étudier !

Mgr Cousseau, après avoir rappelé que lorsqu'il
s'agit, à l'époque des croisades, d'élire un roi pour la
Terre sainte, les gens de service de Godefroi de Bouil-
lon ne lui reprochèrent autre chose, si ce n'est que,
s'attardant à l'église, ou à causer avec personnes

instruites, il était fréquemment inexact à l'heure du
repas , M⁛ʳ Cousseau , disons-nous , ajoute : « Je
« n'éprouve plus aucune peine à vous avouer que le
« général de Pontevès , beaucoup plus occupé des
« devoirs de sa charge que du soin de son corps et de
« sa santé, oubliait souvent lui aussi l'heure de ses
« repas ; que dans cette vive préoccupation du devoir,
« il lui est même arrivé quelquefois d'oublier l'heure
« précise d'une invitation dans le monde. Lui, par
« nature et par éducation, le plus poli et le plus gra-
« cieux de tous les hommes, il en éprouvait une vive
« confusion ; mais il s'en excusait avec tant de bonne
« grâce et une simplicité si aimable, que jamais per-
« sonne n'a eu le mauvais goût de s'en offenser. »

C'est encore à l'évêque qu'il appartient de nous
rendre compte de sa munificence : « Quand il y a trois
« ans, dit-il, nous apprîmes qu'aux décorations bril-
« lant déjà sur sa poitrine, la croix de commandeur
« de la Légion d'honneur venait d'être ajoutée (10 mai
« 1852), ses amis s'empressèrent de l'en féliciter. Il
« reçut leur compliment avec sa grâce et sa modestie
« ordinaires. Cependant il avoua à l'un de ses plus
« intimes amis que la joie que lui donnait cette dis-
« tinction n'était pas sans mélange ; à cette croix était
« attachée une pension de mille francs : « L'honneur
« me plaît, dit-il, mais cet argent me blesse. » — Eh !
« reprit en souriant son prudent ami, il est facile de
« vous soulager de ce chagrin. N'acceptez pour vous
« que l'honneur de la croix , et déchargez-vous sur
« les pauvres, sur les églises, sur les bonnes œuvres
« que vous aimez, de cet argent qui vous pèse. » « Oh !
« de grand cœur, dit le colonel, et de ce moment je
« prends l'engagement de n'y jamais toucher pour
« moi-même.» Cet engagement, il l'a tenu toute sa vie,
et il revint à ses regards sur sa couche funèbre. Les
pauvres n'ont pas ignoré combien il était touché de
leurs misères, ses secours arrivaient spontanément et
traversaient même les mers pour atteindre ces infor-

tunés. Une des personnes qui l'ont bien connu à Bordeaux, M. Henry Ribadieu, dans le journal *La Guienne*, 20 septembre 1855, nous le représente comme mettant en toute circonstance sa bourse au service de ses amis, de ses camarades, et généralement de ceux qu'il voyait dans la nécessité d'y recourir. Membre de la conférence de Saint-Vincent de Paul, il visitait avec une exactitude exemplaire les familles dont le soin lui avait été confié. Il leur apportait ses aumônes et il leur adressait les plus bienveillantes paroles.

Il passa ainsi à Angoulême trois heureuses années, entouré d'une affection générale.

Aussi, quand il fut relevé de ce poste le 1ᵉʳ juillet 1854, par sa promotion au grade de général de Brigade, les regrets qui se mêlèrent à la joie, furent universels. Petits et grands l'accompagnèrent de leurs vœux.

Voulant leur laisser un souvenir durable de son séjour, il avait fait don de deux magnifiques verrières à l'église Saint-Martial dont la construction dans cette ville venait d'être achevée. Elles représentent ses deux patrons : Saint Jean-Baptiste et Saint Edmond, roi guerrier et martyr (1) elles se font vis-à-vis dans la grande nef qu'elles décorent.

A peine investi de ce grade élevé, il fut appelé au commandement de la première brigade d'infanterie du corps d'occupation à Rome. C'était un témoignage de haute confiance : aucun choix n'aurait pu être meilleur. Au-dessus de tout, c'était pour Edmond de Pontevès une nouvelle faveur du ciel.

Il est facile, en effet, de concevoir quelle satisfaction éprouvait Pie IX d'avoir à ses côtés un général profondément chrétien, représentant près de lui la foi de la

---

(1) Saint Edmond, roi des Est-Angles, fut fait prisonnier par les Danois et décapité en 870.

France et la valeur de l'armée, avec tous les charmes de la plus exquise courtoisie.

De son côté, le général de Pontevès ressentait une joie bien douce d'être préposé à la protection de ce grand pontife et de goûter dans des relations habituelles cette délicate finesse d'esprit, cette affabilité et cette sympathique bienveillance qui caractérisaient l'immortel Pie IX.

Comme gages de toute son estime, le Saint-Père donna au général de Pontevès successivement la croix de commandeur, puis la Grand-croix de Saint Grégoire le Grand.

Le général habitait à Rome le palais Simonetti, ancienne résidence de la Légation Française, dans la partie supérieure du Corso, vis-à-vis de l'église de Saint-Marcel. Dans ce quartier populeux, sa bienfaisance, comme à Angoulême, lui gagna bien des cœurs.

Pendant l'année qu'il passa à Rome, il eut le bonheur d'assister à la définition solennelle du Dogme de l'Immaculée Conception, et ce fut un de ses plus précieux souvenirs.

Nommé au mois d'avril 1855, commandant d'une brigade de la garde Impériale, il rentra en France, et dès le mois de juin suivant, il partit pour l'armée d'Orient, à la tête d'une brigade de la même arme.

C'était le moment où le siége de Sébastopol touchant à sa fin, entrait dans sa période la plus critique.

Le 16 août, les Russes, inquiets des progrès des travaux d'approche des Français, résolurent de les chasser des lignes établies sur les bords de la Tchernaïa. Ils arrivent en masses profondes et leur attaque semble d'abord réussir, mais la garde accourt avec les divisions Levaillant et Dulac. Ces solides réserves rétablissent le combat et ramènent la victoire. Les Russes, malgré le déploiement de forces formidables et leur ténacité attestée par des retours successifs, sont rejetés avec grande vigueur. Ils se retirent laissant plus de trois mille trois cents morts sur le champ de bataille.

Le général de Pontevès, à la tête de sa troupe, prit part à ce glorieux combat. Déjà plusieurs fois en allant dans les tranchées, il avait couru de très grands dangers, et il avait été même quatre fois touché un jour où l'un de ses officiers d'ordonnance fut tué : « Dans la « journée du 16 août, dit son aide de camp, le capi- « taine Lamy, il reçut un éclat d'obus sur le bras « droit, et une pierre sur son épaulette ; le bras en fut « contusionné, et il en a souffert pendant quelques « jours ; son épaulette avait préservé l'épaule d'une « atteinte plus grave ; mais il a caché ces détails avec « le plus grand soin, et si je n'avais pas été à côté de « lui dans le moment, jamais personne n'en aurait eu « connaissance. Un autre jour, nous longions un petit « mur parfaitement en vue des tirailleurs russes qui « nous saluaient de leur mieux, et à très petite portée : « les balles nous rasaient de si près qu'à chaque « instant, nous nous attendions à nous voir tomber « l'un ou l'autre. Cependant nous étions arrivés sans « encombre jusqu'à l'extrémité, et nous pénétrions « dans la tranchée, quand en regardant la figure du « général, je vis du sang près de l'œil. C'était un balle « ou un éclat de pierre qui avait creusé un léger sillon. « Quand il y porta la main pour essuyer le sang, je « vis à sa main une autre blessure. Il s'était bien « gardé de me dire seulement qu'il eût été touché. Il « était toujours ainsi, calme et souriant en toutes « circonstances, s'oubliant lui-même pour ne songer « qu'aux autres, bravant le danger sans chercher à en « tirer gloire et profit, ne recherchant que la satisfac- « tion du devoir accompli. » (1)

(1) Ce récit de la bataille de la Tchernaïa et de l'assaut de Sébastopol est puisé principalement dans les Rapports officiels publiés par le *Moniteur* les 18 août, 11, 14, 25, 26, 29 septembre 1855 et dans l'*Histoire de l'Expédition de Crimée*, par M. le Comte de Bazancourt (l'armée de terre), t. IV. Ch. VII, VIII. p. 408 et 481.

Le mois de septembre était arrivé, et la tranchée avait été poussée jusqu'à vingt-cinq mètres de la Tour de Malakoff. Le trois septembre, fut tenu chez le général en chef Pélissier un conseil de guerre entre les chefs les plus élevés de l'armée. L'attaque fut décidée : son objectif principal serait Malakoff, et la date de l'assaut fut fixée au huit septembre.

En rentrant dans son quartier, le général Bosquet se mit à l'œuvre et prépara le plan de l'attaque qu'il devait présider en personne.

Le but de tous les efforts de notre armée c'était la conquête de l'ouvrage en arrière de la tour Malakoff, formant une immense redoute, une sorte de citadelle en terre, occupant un mamelon qui domine tout l'intérieur d'un des faubourgs de Sébastopol, celui de Karabelnaïa. Une fois maître de ce point, on l'était de la rade et de la ville tout entière. Mais l'ouvrage de Malakoff était appuyé à l'extrême droite, par un autre point fortifié : le petit Redan du Caienage, et ces deux points se reliaient ensemble par une grande courtine. Il était de la dernière importance de culbuter ou de retenir au moins les Russes sur le petit Redan et sur la grande Courtine, car s'ils parvenaient à repousser cette double attaque, ils se porteraient immédiatement sur Malakoff, et rejoignant leurs camarades, ils redoubleraient les difficultés inouïes que présentait déjà l'assaut de ce poste.

L'accès de la Courtine offrait les plus graves obstacles. La distance à parcourir à découvert était d'abord la plus considérable : elle était d'environ cinq cents mètres. Le terrain est de plus accidenté, difficile : il est exposé à tous les feux de l'ennemi.

L'attaque sera donc répartie entre trois colonnes.

Le premier poste du combat est confié à la bravoure du général Mac-Mahon. C'est lui qui conduira à Malakoff sa colonne agile et résolue. C'est lui qui doit déterminer la victoire.

La colonne de droite est sous les ordres du général Dulac. C'est elle qui doit enlever le Redan.

Au centre, se dirigeant sur la grande Courtine, sera la colonne du général La-Motte-Rouge. Comme on prévoit toutes les difficultés qu'elle rencontrera, c'est à elle qu'est attachée la réserve. Elle se compose de la division de la garde. Au corps d'élite est réservé l'effort le plus soutenu, le plus périlleux : c'est son privilège ; la jeune garde doit d'ailleurs y recevoir son baptême de sang. Cette division se compose de la brigade du général de Pontevès et de celle du général de Failly ; le corps entier a à sa tête le général Mellinet.

Dans l'après-midi du 7 septembre, le général Bosquet réunit à son quartier général les généraux de divisions et de brigades de son corps d'armée. Dans cette conférence secrète, il leur apprend que l'assaut sera donné le lendemain à midi, que toutes les forces vives de l'armée seront employées dans cette lutte décisive. Il leur explique le plan d'attaque pour lequel du reste chacun d'eux recevra des instructions particulières. Il les engage à aller eux-mêmes étudier et reconnaître les points qu'ils doivent occuper et la direction à suivre. Il leur recommande le plus absolu silence et leur serrant la main : « Messieurs, leur dit-« il, je vous connais tous de longue date pour de « vaillants hommes de guerre. Aussi, j'ai pleine et « entière confiance en vous. Demain Malakoff et Sébas-« topol seront à nous. »

Les généraux se séparèrent la joie dans l'âme, car l'heure si longtemps désirée est enfin arrivée. Ils se rendent aux tranchées où les chefs d'état-major marquent les emplacements à occuper et en reconnaissent toutes les dispositions.

En retournant auprès des siens, Edmond de Pontevès avertit ses officiers que s'ils avaient des dispositions essentielles à prendre, ils y missent ordre sans tarder, car la journée du lendemain, suivant toute apparence, serait rude.

Dans la soirée le sous-chef d'état-major du général

Bosquet porte aux généraux divisionnaires l'ordre du général commandant en chef qui doit être lu le lendemain au moment de la prise d'armes. L'instruction portait en outre qu'officiers et soldats devront être en grande tenue. Hélas! cette mesure ne devait être que trop fatale au corps des officiers, que leurs uniformes désignaient aux balles ennemies! Quant à l'instant de l'attaque, aucun signal ne sera donné. Toutes les montres ont été réglées sur celle du général en chef. Dès que l'aiguille marquera midi, les trois colonnes s'élanceront à la voix de leurs chefs.

La nuit se passa dans la fièvre de l'attente.

Le huit septembre (jour à jamais mémorable), à huit heures du matin, les troupes prennent les armes, et défilent dans les tranchées dans le plus grand silence, en prenant les plus grandes précautions pour voiler à l'ennemi leur approche. Un vent violent favorise ces mouvements en étouffant le bruit et en soulevant des nuages de poussière.

Chaque colonne est ainsi venue occuper l'emplacement qui lui a été préparé.

L'attente est solennelle. Les généraux sont debout près des épaulements, calmes et attentifs, les yeux fixés sur leurs montres ; les officiers ont tous l'épée à la main : les soldats courbés, la bayonnette en avant, n'attendent que le signal.

Enfin, il est midi.

Les généraux s'élancent, leurs chapeaux de commandement à la main, et se montrent les premiers sur la crête des parapets, entièrement à découvert : « Soldats, en avant ! » s'écrient-ils. Aussitôt, chefs et soldats dans un même élan se précipitent en avant. Rien ne résiste à cet entraînement, et dans ce premier moment, sur les trois points attaqués, tout est victoire, tout a cédé devant cette irrésistible impétuosité.

Sur les pas de Mac-Mahon, la première colonne a, malgré tous les obstacles, franchi d'un seul bond les abords compliqués dont est hérissé le Bastion Mala-koff. Parvenus sur le parapet, nos soldats sont en face des russes, qui se sont armés de tout ce qui tombe sous leurs mains et se font tuer sur place. Nos troupes sautent enfin dans l'intérieur de l'ouvrage. La lutte y continue corps à corps : la résistance des russes est opiniâtre ; renversés ils se relèvent et reviennent à la charge. Chaque pas est disputé avec acharnement ; mais Mac-Mahon est enfin parvenu au sommet du Bastion ; il y plante le drapeau de la France. « J'y suis et j'y reste, » s'écrie-t-il. Ce drapeau, en effet, n'en pourra plus être arraché.

Pendant que cette lutte de géants se prolongeait à Malakoff, la face des choses avait changé sur le Redan et sur la courtine. Les Russes qui, surpris par l'attaque, avaient été refoulés par l'impétuosité de nos soldats, se sont reformés sous la protection des masses de leurs réserves. Secondés par les feux de leurs puissantes batteries et par ceux de leurs vaisseaux dans la rade, ils ont repris l'offensive.

Du côté du Redan, la division Dulac, décimée par ces feux convergents, se trouve tout à coup en face de fortes troupes russes qui surgissent des ravins où elles étaient abritées. En vain les bataillons veulent-ils se maintenir sur ce terrain broyé par la mitraille, ils sont écrasés, et grand nombre d'officiers étant tombés morts ou blessés, les Français sont obligés de se jeter dans les fossés du Redan où ils se cramponnent, tandis qu'une partie se replie sur les parallèles pour s'y recomposer.

La division La Motte-Rouge qui, abordant la grande courtine, avait franchi la première ligne, pénétré dans la seconde et était même allée frapper aux portes du faubourg, se trouva arrêtée par la perte d'un trop grand nombre de ses combattants. La retraite de la Division Dulac laissait à découvert son flanc droit et la mettait aux prises avec les feux les plus mortels. Dans ce grave moment, le général Bourbaki qui en a pris la tête, fait appel à la réserve.

A cette heure décisive, la garde s'avançait sous cette
grêle de mitraille et de mousquetterie. Elle marchait
compacte, serrant ses rangs, imperturbable et fou-
droyante. Tous ceux qui l'ont vue en cet instant
solennel ont été saisis d'admiration. Voulant la
dépeindre, un de ces témoins s'écrie : « C'est une
« trombe... marchant au pas. » (*Moniteur*, 29 septembre 1855, p. 2.)

A la tête de sa brigade marche le général de Pontevès. Sur ses pas il rencontre gisant sur le terrain
un de ses frères d'armes, M. de Quatre-Barbes ; il lui
tend la main pour une dernière étreinte. En se redres-
sant, il est lui-même frappé d'une balle à la nuque. La
blessure est de nature mortelle, mais il peut encore se
mouvoir et il est résolu à marcher devant ses soldats
tant qu'il pourra être leur guide. Le sang avait aussitôt
afflué avec excès au cœur. « J'étouffe, » dit-il à son
aide de camp. Cet officier a rapidement extrait la
balle, donné une issue au sang et placé sur sa blessure
un chiffon de linge. Le général continue sa marche ;
mais au bout d'un moment, une autre balle le frappe à
la tête et le renverse sur le sol, privé de sentiment. Sa
troupe, qu'il a électrisée, poursuit sa marche sans se
désunir ; elle n'est que plus animée à venger la perte
de son chef. Les feux ennemis sévissent avec furie.
En cet instant critique, deux batteries de campagne
tenues en réserve arrivent au trot, s'établissent auda-
cieusement en face de l'ennemi, à demi-portée du
canon, et multiplient leurs coups. Soutenue par cet
appui, la garde continue sa marche intrépide. Elle
recueille les restes de la colonne La Motte-Rouge, les
débris de la colonne Dulac, elle aborde la courtine ;
par un effort héroïque, elle surmonte ces lignes formidables ; elle culbute les Russes et s'établit sur toute
la gauche de la courtine, d'où l'ennemi ne la délogera
plus. « Dans cette journée, dit le *Rapport officiel*, la
« garde s'est couverte de gloire ! »

Dans Malakoff, les derniers obstacles avaient été en

même temps écrasés. La victoire, chèrement achetée, était complète : il était quatre heures et demie.

Le général de Pontevès, étendu sur le champ de bataille n'avait pas été abandonné des siens. Son aide de camp et quelques soldats de son escorte s'étaient empressés auprès de lui. Pendant qu'ils s'efforçaient de l'enlever, les feux de l'ennemi avaient redoublé ; une grêle de balles et de mitraille avaient fondu sur ce petit groupe. Le général fut atteint de nouveaux coups, et les braves qui l'emportaient mordirent presque tous la poussière ; il en restait à peine un ou deux pour le soutenir quand il arriva à l'ambulance du quartier général. Outre sa première blessure à la nuque et la seconde à la tête, il avait une épaule fracassée par un éclat d'obus et il avait été percé de dix autres blessures.

Dès la première inspection, les médecins reconnurent qu'il serait impossible de lui conserver la vie. Mais la mort lui accorda un sursis de toute une journée pour que, dans un dernier éclat, sa grande âme se montrât tout entière.

« Avant même d'être arrivé à l'ambulance et pen-
« dant le trajet, dès qu'il eût reprit ses sens, raconte
« un de ses compagnons d'armes, le général s'occupa
« de ses dernières dispositions avec un calme et une
« résignation qui dénotaient la force de son caractère
« et la foi profonde qui l'animait. »

Il reçut ensuite avec un redoublement de piété les derniers secours de la religion. Puis avec une sensibilité de cœur délicieuse, une présence d'esprit complète et un détachement parfait, il donna ses instructions à son aide de camp (M. le capitaine Lamy). Nous cédons la parole à cet officier qui, le voyant de près, l'admirait et qui lui était profondément attaché.

« Occupé surtout de la douleur de son père et sachant
« bien, dit cet aide decamp, ce qui seul pourrait le con-
« soler, il recommandait qu'on lui dit bien qu'il s'était
« confessé le matin même de l'assaut et qu'il avait

« encore pu recevoir les secours de la religion avant
« de mourir. Il désignait les objets qui devaient être
« distribués aux divers membres de sa famille, et
« comptait parmi les plus précieux une médaille que
« lui avait donnée le Saint-Père en commémoration de
« la définition du dogme de l'Immaculée-Conception
« de la sainte Vierge. Outre le don fait à la paroisse
« de la Tourette de son arriéré de solde de la Légion
« d'honneur, il partageait ainsi une somme de deux
« mille francs qu'il portait sur lui : mille francs doi-
« vent être remis au curé de Saint-Charles de Mar-
« seille pour ses pauvres. Le reste et le produit de la
« vente de ses chevaux et effets militaires doivent être
« remis au père Parabère, aumônier supérieur de
« l'armée, pour aider au service de l'aumônerie, déduc-
« tion faite des gratifications qu'il chargeait son aide
« de camp de donner aux militaires qui l'avaient servi
« et transporté. »

Il traversa dans la souffrance, sans se plaindre, les
longues heures du neuf septembre : c'est une dernière
épreuve ; c'est le feu qui efface jusqu'à la plus légère
tache. La journée allait toucher à son terme, quand à
dix heures, le général passa à cette vie où la récom-
pense n'a pas de fin.

Cette mort a été glorieuse comme doit l'être celle
d'un chef recevant à l'assaut, en marchant à la tête de
ses troupes, le coup fatal et expirant sans regret pour
l'accomplissement de son devoir.

A l'annonce de cette perte, comme l'estime et l'affection qu'il inspirait étaient universelles, le deuil le
fut aussi.

L'évêque d'Angoulême, à l'issue du *Te Deum* pour
la prise de Sébastopol, s'avança en avant du Sanctuaire
et tout ému, il prononça ces paroles : « Lorsque j'écri-
« vais le mandement dont vous avez entendu la
« lecture, j'étais tout entier à la joie de cette grande
« victoire. J'ignorais qu'au milieu de tant de pertes
« douloureuses, il y en avait une qui nous touchait

« plus sensiblement que toutes les autres, que l'excel-
« lent, le brave, le pieux général de Pontevès, qui
« nous aimait tant et que nous aimions tant, avait
« succombé à la glorieuse blessure qu'il a reçue à
« l'assaut de Sébastopol. »

A Marseille, dès que parvint cette affligeante nouvelle, le maire, M. Honnorat, et tous les adjoints se
rendirent ensemble chez M. de Pontevès père, pour
lui témoigner la part que la Cité tout entière prenait à
son malheur. Mais dans l'ignorance absolue de ce
coup qui l'atteignait au fond de son cœur, M. de Pontevès s'était mis la veille en voyage.

A Sébastopol, deux jours après la mort du général,
les honneurs dus à son rang lui furent rendus. L'intendant militaire de la Garde, M. Paris, qui l'avait
connu dès 1832, prononça sur sa tombe des paroles
touchantes. Les larmes tombaient des yeux d'une
foule de généraux, d'officiers, de soldats qui se pres-
saient pour rendre les derniers devoirs à ce général
tant aimé.

Les organes de l'opinion publique, plusieurs écri
vains en renom, célébrèrent à l'envi ce noble caractère, cette vie si belle, cette mort qui l'a si dignement
couronnée.

Cette perte inspira à notre compatriote Joseph
Autran des vers excellents : J'en extrais la strophe
suivante :

De ton front grave et doux nous garderons l'image :
Je ne sais quoi de triste y semblait un présage
De la mort, que sans peur, de loin tu regardas,
Ton âme pour nos temps fut trop pure peut-être.
Cependant nous t'aimions. — Qui savait te connaître.
    T'aimait... comme un de tes soldats.

Avant l'inhumation du Général, son cœur avait été
retiré de sa poitrine et placé dans une urne en argent.
Il fut transporté en France à bord du vaisseau de
ligne *Le Friedland*.

A son arrivée, à Marseille le 26 octobre, des funérailles solennelles furent célébrées.

Cette urne était portée par six sous-officiers décorés. Les troupes de la garnison, les fonctionnaires publics, la population en masse, contribuèrent à relever cette pompe.

Le général de Rostolan, commandant la Division militaire, ami personnel d'Edmond de Pontevès, prononça en présence de ces glorieux débris une allocution que son émotion l'obligea d'interrompre plusieurs fois.

Les pauvres de l'église des Grands-Carmes, qui fut reconnue celle qu'Edmond de Pontevès avait désignée comme la paroisse de la Tourette, ceux de Saint-Charles, sa propre paroisse, bénirent ce cœur généreux qui ne les avait pas oubliés, malgré un si grand éloignement.

Dans les premiers jours d'octobre, un service funèbre avait été célébré à Rome dans l'église de Saint-Marcel, en présence de l'ambassadeur de France ; dans ce quartier, qui avait été plus particulièrement le théâtre de la charité du Général, un certain nombre d'ouvriers et beaucoup de militaires y assistèrent.

Le 26 du mois de novembre suivant, Mgr Cousseau prononça dans l'église de Saint-Martial, à Angoulême, l'oraison funèbre du Général, dont il connaissait si bien le mérite.

C'est une œuvre oratoire parfaitement écrite, parfois piquante, en rapport avec les dispositions d'un auditoire composé en grande partie de militaires et de membres de la conférence de Saint-Vincent de Paul ; c'est de l'éloquence partant du cœur, tout à fait digne du héros qu'elle célèbre.

A Versailles, dans ce magnifique Palais qu'une grande pensée a dédié *A toutes les gloires de la France*, une place est réservée aux statues des généraux recevant la mort à la tête de leurs troupes en combattant l'ennemi. Le buste en marbre du général de Pontevès, dû au ciseau de Mathieu Meusnier, y est placé dans la salle de Constantine. Il est correct, mais un peu froid. Comment, en effet, sans avoir vu ce modèle en sa vie, rendre ce regard qui lui gagnait les cœurs ? (1)

Un portrait peint par un excellent artiste, Lepaulle, Guillaume-François-Gabriel, élève d'Horace Vernet, de Regnault et de Bertin, d'après une aquarelle de L. Pellegrin, rend, au contraire avec bonheur, cette physionomie distinguée et attachante. M. de Pontevès père reposa souvent sur ses traits si bien reproduits ses regards attendris (2).

Sur un tertre ombragé de pins, vers la limite sud-est du cimetière Saint-Pierre a été élevé le Mausolée du général de Pontevès. Il se compose de deux tombes accolées par le sommet, et que surmonte un cippe à quatre faces. Sur la principale, à l'ouest, est sculptée la croix de commandeur de la Légion d'honneur, sur-montée de la devise : HONNEUR ET PATRIE ; et au dessous la dédicace : *Au général comte de Pontevès.* Vers la base est cette inscription : *Ici sont renfermées les cendres de son noble cœur.* Sur la pierre tombale, une inscription plus développée rappelle qu'il a été blessé mortellement sur la brèche, à la tête de la bri-gade des grenadiers et voltigeurs de la garde Impé-riale, à l'assaut de Sébastopol. — Sur la face opposée du cippe figurent les armes des Pontevès, Branche de Bargême. Au-dessous sont gravés ces mots : « A la « mémoire de Guillaume Eugène de Pontevès Bargé-« me, sous-lieutenant au 3e régiment de ligne, fils du « comte de Pontevès, frère puîné du général de Pon-« tevès. » L'inscription rappelle ensuite qu'il a com-battu à Staouëli et qu'il est mort dans l'ambulance de

---

(1) Ce buste est cité au nombre des ouvrages remarquables de Mathieu Meusnier. Voir dans Vapereau l'article relatif à ce sculpteur.

(2) Cette toile fut exposée à Paris, au salon de 1861 (Vapereau).

Castracine le 27 juillet 1830, à l'âge de vingt-trois ans,
des blessures reçues le 23 juin, à l'assaut et prise
d'Alger ; sur le soubassement sont tracées les inscriptions relatives aux membres de la famille de Pontevès
inhumés dans ce tombeau. L'ensemble du monument,
l'inscription principale qui le décore, tout respire le
goût le plus pur.

Depuis les faits qui ont été le sujet de ce récit, bien
des années se sont écoulées. Les événements politi-
ques ont eu leurs vicissitudes. La mort a enlevé le
père et les deux frères du général qui, de son vivant,
avait déjà perdu sa mère et sa sœur. A peine son souvenir est-il resté dans le cœur de quelques personnes
qui lui étaient attachées par la parenté ou par l'amitié.

J'ai résolu, avant de quitter moi-même la scène de
ce monde, de mettre un terme à cet oubli et de renou-
veler une mémoire si digne d'être conservée.

J'ai souhaité, quelle que fût l'insuffisance de ma
main, d'inscrire dans les fastes de Marseille le nom
du général Edmond de Pontevès.

. Enfin, j'ai eu à cœur de retracer la vie et surtout la
mort d'un *HÉROS CHRÉTIEN*.

ADDITION

Note A, Page 8.

Je ne saurais renoncer au plaisir de citer ici une anecdote que j'ai entendu quelquefois raconter dans la famille de Pontevès et qui me semble faire ressortir le caractère empreint à la fois de bonté et d'une douce finesse propre à cette race choisie.

M. de Pontevès avait un cousin de son nom, qui avait été aumônier de Louis XVI, et ensuite de Louis XVIII. Ce vénérable prêtre se trouvait à Paris en 1830, et il passait un jour sur un des ponts de la Seine. Il se trouva en face d'un groupe d'ouvriers qui vinrent à lui et lui dirent d'un ton menaçant : « Crie donc : Vive la Charte ! » Lentement et sans se troubler, le bon vieillard leur répondit · « Et « pourquoi pas ? » Ils passèrent ; mais l'un d'eux revint vers lui, et lui dit : « T'es un bon diable ! »

Note B, Page 9.

Nous étions conduits au collège, chacun par une personne chargée d'éloigner de nous toute mauvaise rencontre. Les jumeaux de Pontevès, sous la conduite de leur vieille domestique, arrivaient avec leur cousin Adalbert de Paul. C'était un jeune garçon d'une incomparable douceur et d'une candeur délicieuse. La mort le moissonna au printemps de la vie et sa perte ouvrit chez son père, M. Joseph Guillaume de Paul, une source intarrissable de larmes. Cet excellent homme avait l'habitude dans ses excursions autour de Marseille de graver avec un poinçon sur des rochers le nom de son fils. Sur l'immense pierre du *Roucas-Blanc*, qu'ont fait disparaître les terrassements pour l'exécution de la promenade de la Corniche, il avait fait inscrire en caractères énormes ce nom chéri : *Adalbert* ?

Dans nos promenades nous retrouvions avec émotion ces inscriptions : Elles renouvelaient le souvenir de notre cher camarade, et nous nous étonnions de rencontrer une douleur si touchante et si constante chez son père, dont les dehors ne semblaient pas témoigner d'une si exquise sensibilité. M. de Paul mourut le 2 juillet 1842 : il était le grand oncle maternel du général Edmond de Pontevès ; son père Guillaume de Paul, lieutenant-général civil de la Sénéchaussée de Marseille, fut membre de l'Académie de cette ville de 1763 à 1793.

———o⋅o⋅⋅o⋅o———